Abecé
Visual

El Abecé
Visual de

LAS GRANDES
CONSTRUCCIONES

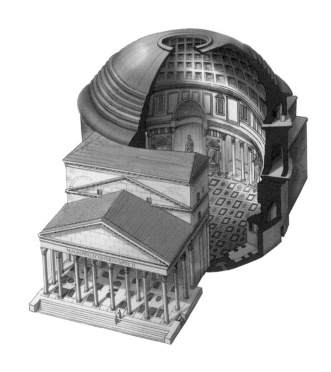

Abecé Visual

© de esta edición: 2013, Santillana USA Publishing Company,
Inc. 2023 NW 84th Ave, Doral FL 33122

Publicado primero por Santillana Ediciones Generales, S. L.
C/Torrelaguna, 60 - 28043 Madrid

Coordinación editorial: Área de Proyectos Especiales.
Santillana Ediciones Generales, S. L.

REDACCIÓN Y EDICIÓN
Silvana Franzetti

ILUSTRACIÓN
Carlos Escudero y Edgardo (Kabe) Solas por Acuatromanos Estudio
Color digital: Juan Pablo Eberhard y Julián Bustos

DISEÑO DE CUBIERTAS
Gabriela Martini y asociados

El abecé visual de las grandes construcciones
ISBN: 978-84-9907-017-9

Printed in USA by Nupress of Miami, Inc.
16 15 14 13   1 2 3 4 5 6 7 8 9

Índice

¿**Cómo** era un castillo medieval?

Los castillos eran edificios concebidos para la defensa, con murallas, torres, fosos y puentes levadizos. Fueron el centro del poder señorial durante el apogeo del feudalismo, y solían construirse en lo alto de un montículo para evitar ataques enemigos. Estas sólidas construcciones eran ciudades en miniatura y alcanzaron su máximo esplendor en territorios europeos durante la Edad Media, entre los años 1000 y 1500.

Desde la atalaya o «torre del vigía», se observaba la presencia de enemigos.

Por el adarve o camino de ronda circulaban los defensores.

Los armeros y los lanceros cuidaban y reparaban las armas. Eran los defensores del castillo y del señor feudal.

La torre de flanqueo sobresalía de la muralla para favorecer la defensa.

El exterior de los muros estaba rodeado por un foso, natural o artificial, que solo podía atravesarse por un puente levadizo.

En estas fortalezas vivían caballeros que ayudaban a los reyes a gobernar en sus dominios y combatían en las guerras. En los castillos, los caballeros y sus familias estaban a salvo de posibles ataques.

El torréon, también llamado «alcázar» o «torre del homenaje», era la parte más resistente de la estructura. Cuando los atacantes cruzaban las murallas, todos los habitantes del castillo se encerraban en esta torre, donde había provisiones y un pozo de agua. Era el símbolo del poder del castillo.

Drácula

Bram Stoker, el autor de *Drácula,* se inspiró en el castillo de Bran, edificado en el siglo XIV, en Transilvania, Rumania, para construir el escenario de su novela.

Los pisos superiores se destinaban a las habitaciones de la nobleza.

Capilla

Las murallas tenían salidas para huir en caso de peligro.

Algunos famosos castillos del mundo

El alcázar de Segovia, España.

El castillo ducal, en Carcasona, Francia.

El castillo Glamis, en Angus, Escocia.

La escalera de caracol que subía al alcázar siempre giraba hacia la derecha. Quienes bajaban podían usar sus espadas sin dificultad, mientras que sus enemigos se enfrentaban a distintos obstáculos.

¿**Cómo** es una catedral **gótica** por dentro?

El gótico fue un estilo de arquitectura que se originó en Francia, a mediados del siglo XII, y se extendió por Europa hasta el XVI. Los edificios característicos del gótico fueron las catedrales, que destacaron por sus singulares arcos y bóvedas, sus magníficos vitrales y por un tratamiento especial de la luz en su interior.

En Francia, la arquitectura gótica llega a su máximo esplendor con la construcción de la catedral de Beauvais, en el siglo XIII. Su nave central mide 48 m (157 ft) de altura.

La evolución en la técnica constructiva permitió la ejecución de los arcos apuntados u «ojivales».

La luz, considerada esencia divina, penetra a través de sus amplios ventanales y vitrales y otorga al edificio una atmósfera cálida, colorida y, al mismo tiempo, irreal.

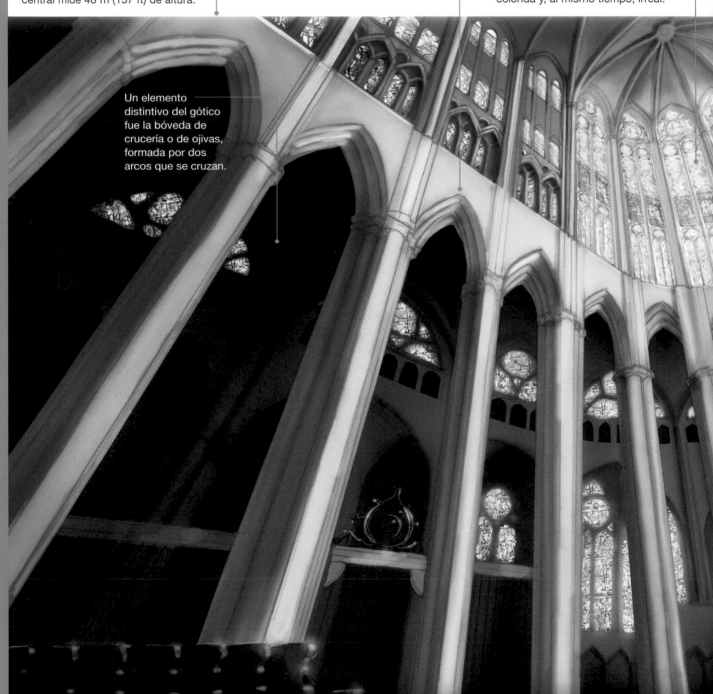

Un elemento distintivo del gótico fue la bóveda de crucería o de ojivas, formada por dos arcos que se cruzan.

El gótico en Francia

La catedral de Beauvais comenzó a construirse en el siglo XIII. Pero al poco tiempo se hundió una parte de la bóveda, debido a su gran altura. Sus obras continuaron hasta el siglo XVI.

El gótico en España

Este estilo se introdujo en España en la segunda mitad del siglo XII. La catedral de León es uno de los edificios más importantes de esa época.

La catedral era el punto de referencia de la ciudad; la altura de sus torres le permitía ser vista desde muy lejos.

El estilo gótico buscó formas verticales, y al mismo tiempo luminosas, que simbolizaran el ascenso hacia Dios.

El gótico en Alemania

La catedral de Colonia es uno de los edificios góticos más característicos de Alemania. Se comenzó a construir en el siglo XIII. Destaca por su altura, de más de 150 m (492 ft); sus torres se ven desde cualquier punto de la ciudad.

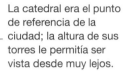

El gótico en Inglaterra

La catedral de Salisbury, construida en el siglo XII, fue una de las primeras en representar el estilo gótico en Inglaterra.

El gótico en Italia

En Italia, el estilo gótico fue interpretado de un modo muy particular, puesto que la arquitectura de ese país pertenece a una tradición clásica. Sin embargo, la catedral de Milán, construida a finales del siglo XIV, es el resultado de la influencia del gótico procedente de Francia y de Alemania.

¿**Cómo** es la Gran Muralla China?

La Gran Muralla China recorre más de 6000 km (3,728 ft). A lo largo de toda su extensión se pueden encontrar, regularmente, los pasos y las torres que constituían puntos clave de vigilancia. Su construcción comenzó durante la dinastía Quin, en el siglo III a. C., con el objetivo de defender las fronteras, y continuó gracias a la obra de sucesivas dinastías hasta su finalización, en el siglo XVI.

La construcción se realizó por partes que se fueron uniendo entre sí.

A lo largo de los siglos, la Gran Muralla China se ha deteriorado y ha sufrido la erosión del viento y la lluvia. Con el fin de preservarla y repararla, el gobierno chino promulgó un reglamento de protección, que entró en vigencia en 2006.

En 1987 fue declarada Patrimonio de la Humanidad por la Unesco.

Para construirla se emplearon materiales disponibles en cada región: piedra caliza, granito o ladrillo.

Un nuevo descubrimiento

En 2002, China anunció el descubrimiento de una parte de la Muralla que estuvo sepultada durante siglos bajo arenas movedizas. El tramo fue descubierto en la región de Ningxia y mide 80 km (49 mi).

Generalmente, en los pasos se concentraba el ejército imperial. El paso Juyongguan, a unos 70 km (43 mi) al norte de Beijing, es uno de los más importantes.

La extensión de la Gran Muralla

La Gran Muralla China se extiende como una serpiente desde Shanghai, en el este, hasta Jiayuguan, en el oeste, y atraviesa seis provincias –Hebei, Beijing, Shanxi, Shaanxi, Ningxia y Gansu– y la Región Autónoma de Mongolia Interior.

Cada 75 m (246 ft) se yerguen torres, con escaleras de difícil acceso, que constituían los puntos de defensa.

El muro mide entre 6 y 8 m (19 y 26 ft) de altura y tiene una base de 4 a 6 m (13 y 19 ft) de ancho que se construyó en forma de doble pared de ladrillo con relleno de tierra.

¿**Por qué** destaca el templo central de Angkor?

Patrimonio de la Humanidad
En 1992, la Unesco consagró como Patrimonio de la Humanidad todo el conjunto de templos de Angkor. El templo Angkor Vat es el más grande del mundo y se destina también a la observación astronómica.

El templo Angkor Vat se encuentra en la selva de Camboya y forma parte del complejo de templos hinduistas y budistas que conforman las ruinas de la antigua ciudad de Angkor, construida entre los siglos IX y XIII y capital del imperio Jemer o Khmer. En el siglo XVI, con la caída del imperio, Angkor fue abandonada y durante mucho tiempo la selva avanzó sobre ella.

El nombre con el que se conoce al templo, Angkor Vat, significa en sánscrito «Ciudad del templo» o «Templo de la Capital».

El templo se encuentra a unos 6 km al norte de la actual ciudad de Siem Riep, Camboya. Angkor Vat es solo uno de los tantos monumentos levantados en la zona por la dinastía Jemer, que en su conjunto abarcan 400 km^2 (154 mi).

Angkor Vat está delimitado por una acequia, a la que llegaban, por un canal, las aguas del río Sierap.

El templo está dedicado al dios hindú Vishnú. Su construcción representa el monte Meru, centro del universo hindú y casa de los dioses. Está formado por cinco torres principales de simetría perfecta que simbolizan los cinco picos del monte y parecen capullos de loto.

Las apsaras

Los edificios del complejo de Angkor fueron decorados con el bajo relieve más grande del mundo, en el que se cuentan historias de la mitología hindú. En la imagen se pueden observar las apsaras, que eran ninfas o bailarinas celestiales. Aunque fueron esculpidas 1600 apsaras, no existen dos que sean iguales.

Las ruinas de Ta Prohm

El templo Ta Prohm forma parte de los templos budistas. Sus ruinas fueron completamente invadidas por la selva, y así se han mantenido. Sobre los techos de la construcción han crecido árboles de hasta 50 m (164 ft). Esto hace de Ta Prohm un lugar misterioso, donde conviven naturaleza y religión.

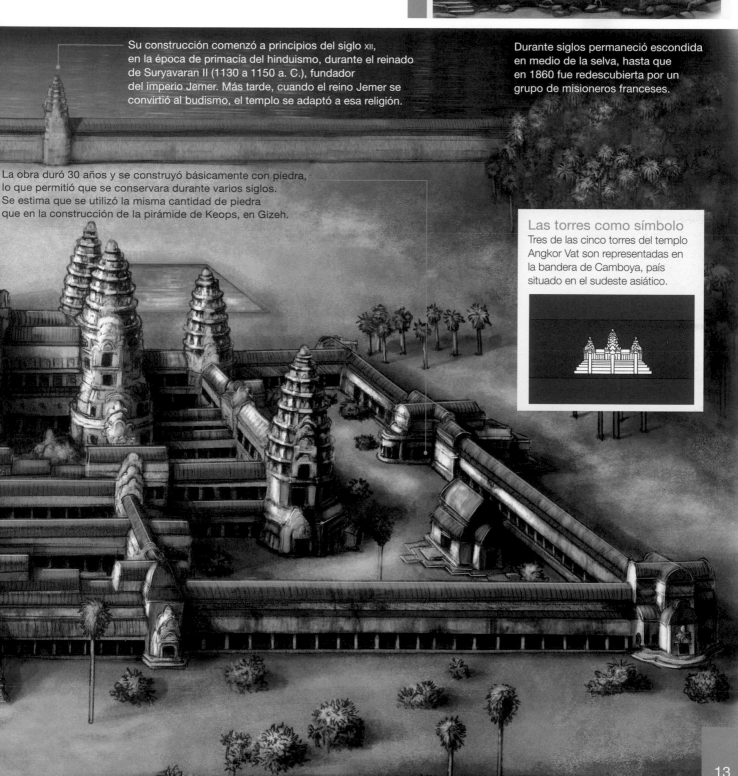

Su construcción comenzó a principios del siglo XII, en la época de primacía del hinduismo, durante el reinado de Suryavaran II (1130 a 1150 a. C.), fundador del imperio Jemer. Más tarde, cuando el reino Jemer se convirtió al budismo, el templo se adaptó a esa religión.

Durante siglos permaneció escondida en medio de la selva, hasta que en 1860 fue redescubierta por un grupo de misioneros franceses.

La obra duró 30 años y se construyó básicamente con piedra, lo que permitió que se conservara durante varios siglos. Se estima que se utilizó la misma cantidad de piedra que en la construcción de la pirámide de Keops, en Gizeh.

Las torres como símbolo

Tres de las cinco torres del templo Angkor Vat son representadas en la bandera de Camboya, país situado en el sudeste asiático.

¿**Qué** cúpula le otorga encanto a Venecia?

La cúpula de la iglesia de Santa Maria della Salute es uno de los atractivos de la ciudad de Venecia. Fue diseñada por el escultor y arquitecto Baldassare Longhena, a mediados del siglo XVII, y forma parte de las obras creadas durante el barroco italiano.

La linterna es el piso superior de la cúpula. Tiene ventanas laterales para permitir la entrada del sol.

La amplia cúpula se une a la base octogonal.

Santa Maria della Salute por dentro

El interior de la bóveda se caracteriza por tener en sus ángulos, sobre columnas corintias, esculturas que representan a distintos profetas.

El tambor es el muro cilíndrico que sirve de base a la cúpula.

La nave central sobre la que se apoya la cúpula posee una base octogonal, de acuerdo con el estilo romano.

Las cúpulas romanas

Durante la Antigüedad clásica, los romanos diseñaron distintos tipos de cúpulas; una de ellas era la cúpula de base octogonal, como la de la Domus Aurea de Nerón, en Roma, Italia (utilizada en Santa Maria della Salute, en la imagen superior). También se encuentra, entre otras variadas formas de cúpulas, la de base circular, como la del Panteón de Roma. Esta forma de bóveda presenta una abertura circular en el centro que deja pasar la luz y a través de la cual se puede ver el cielo (imagen inferior).

Las cúpulas rusas

El Imperio bizantino transmitió el arte de sus cúpulas a Rusia, donde las cúpulas se convirtieron en las siluetas características de la arquitectura.

Las cúpulas bizantinas

Hacia el siglo v, el arte bizantino empleó una cúpula central, combinada con cúpulas secundarias más bajas. Un ejemplo de este tipo de cúpula se observa en la iglesia de Santa Sofía, en Estambul, Turquía, construida durante el Imperio bizantino. Los minaretes que se ven en la imagen son posteriores, del período musulmán.

Las cúpulas góticas

En el gótico, la cúpula se utilizó en la construcción de las iglesias con el fin de cubrir el crucero, aunque su diseño resultó ser más una bóveda que una cúpula. Así, la arquitectura gótica creó distintos tipos de bóvedas. La más característica fue la llamada *bóveda de abanico,* cuya forma entrelaza líneas curvas y rectas. El mejor ejemplo de bóveda de abanico se encuentra en la capilla del King's College de Cambridge, Estados Unidos.

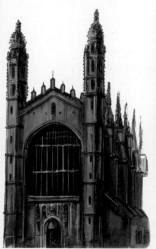
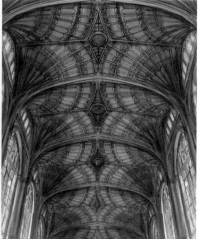

Las cúpulas renacentistas

El mejor exponente es la basílica de San Pedro, en el Vaticano, diseñada por el artista Miguel Ángel, en 1542. Para el proyecto, Miguel Ángel reinterpretó las formas clásicas, y le otorgó un perfil más elevado y puramente esférico a la cúpula, que pasó a ser el elemento principal de la construcción.

¿A **qué** estilo pertenece el palacio Barberini?

El palacio Barberini, en Roma (Italia), fue diseñado en el siglo XVII por Carlo Maderno, en colaboración con Francesco Borromini. Maderno falleció un año después de haber iniciado la obra, por lo que el escultor y arquitecto Gian Lorenzo Bernini continuó la construcción del palacio. Roma fue el centro de experimentación de grandes maestros de la arquitectura que en el siglo XVII transformaron la ciudad con el nuevo estilo barroco.

Gian Lorenzo Bernini

Este artista napolitano, uno de los más destacados del barroco italiano, fue el encargado, entre 1656 y 1667, de diseñar la Plaza de San Pedro en el Vaticano. El objetivo era crear un lugar que pudiera congregar una gran cantidad de fieles; el diseño de la columnata simboliza al Papa con los brazos abiertos recibiendo a toda la cristiandad.

Palacio de Propaganda Fide

Este palacio fue construido en 1662 por uno de los escultores, devenido en arquitecto, más importantes del estilo barroco en Italia: Francesco Borromini. Este artista concibió sus obras arquitectónicas como grandes esculturas: otorgó ondulación a las cornisas y le dio nuevas formas a los capiteles, que son las piezas decoradas con molduras que coronan las columnas.

Los arcos de los ventanales del último piso producen un efecto óptico de perspectiva, porque poseen una forma abocinada que resalta la profundidad.

En el diseño de las columnas, los frisos y las molduras, la arquitectura barroca continuó el estilo clásico. Así, por ejemplo, el palacio Barberini posee pilastras jónicas y corintias, y molduras dóricas.

El edificio se compone de un cuerpo central y dos alas laterales. Esta fachada se caracteriza por sus arcadas, que proyectan sombras y le dan movimiento al conjunto.

Al introducir cambios en las fachadas, los arquitectos barrocos transformaron, en el siglo XVII, todo el paisaje urbano de Roma.

Otras obras de la arquitectura barroca en Roma

El palacio Borghese

Esta mansión situada a las afueras de Roma es otro de los ejemplos de la arquitectura barroca en Italia. La Villa Borghese es obra del arquitecto Giovanni Vansanzio.

Villa Doria-Pamphili

En el siglo XVII, esta fue una de las grandes mansiones situadas a las afueras de Roma, diseñada por el escultor y arquitecto Alessandro Algardi. El arte barroco, en la arquitectura, incorporó el paisaje de los bosques en el diseño de las residencias.

Galería Nacional de Arte Antiguo, Roma

Actualmente, en el interior del palacio Barberini funciona la Galería Nacional de Arte Antiguo. Allí puede contemplarse una hermosa colección de pinturas que pertenecen a los siglos XIII al XVI. Se exhiben obras de Rafael, Tiziano, Caravaggio, Tintoretto y Piero di Cosimo, entre otros artistas. En la imagen, *La Magdalena* de Piero di Cosimo.

La escultura en el período barroco

Entre los escultores barrocos italianos más importantes se encuentran Gian Lorenzo Bernini, Alessandro Algardi y Pietro Tacca, que con su innovador concepto de ciudad instalaron en Roma nuevos elementos ornamentales, como fuentes y plazas. En la imagen, el *Obelisco de Minerva,* de Bernini.

¿**Cómo** eran los teatros de la antigua Grecia?

En la antigua Grecia, las representaciones teatrales tenían un sentido religioso: el culto al dios Dionisos. Durante los festivales de teatro se suspendían las actividades para que todos los ciudadanos pudieran asistir a las funciones. La importancia del teatro se correspondía con el gran tamaño de los edificios donde se representaba: algunos teatros podían reunir a más de 10 000 personas, una capacidad inusual para una sala contemporánea.

El *proscenio* era una plataforma de madera o de piedra, donde actuaban los actores.

El teatro se asentaba sobre la ladera de una colina; así se aprovechaba el declive del terreno para situar las gradas.

Todo el sector de gradas, con forma de abanico, se denominaba *théatron,* que en griego significa «contemplar».

En el centro había una zona circular llamada *orquesta.* Allí el coro cantaba y representaba la danza y la mímica teatrales, y se erigía un altar en honor al dios Dionisos.

La disposición de las gradas del teatro permitía que se pudiera escuchar y ver muy bien desde cualquier punto.

La *escena,* situada detrás del proscenio, constituía en sí misma un sitio escenográfico. Puesto que en las obras siempre se hablaba de reyes y de dioses, la escena tenía puertas que simbolizaban las entradas al palacio.

Por los pasillos laterales entraba el coro.

Las columnas griegas

Dórica　　**Jónica**　　**Corintia**

Capitel

Fuste

Base

La arquitectura griega creó tres estilos de columnas: la dórica, la jónica y la corintia.
La columna dórica no posee base y su fuste se hace más estrecho hacia el capitel.
La columna jónica tiene base y un capitel decorado con figuras en forma de espiral.
La corintia es la más ornamentada de las tres: tiene un capitel que representa hojas de acanto.

Otras construcciones de la antigua Grecia

El Odeón de Herodes Ático
Esta construcción, realizada en el siglo II d. C., estaba destinada principalmente a la audición de música. Hoy es uno de los centros donde se celebra, una vez al año, el Festival de Atenas.

El templo Erecteión
Este templo fue construido a finales del siglo v, en la Acrópolis de Atenas. En él se rendía culto a distintos dioses, como Atenea o Poseidón. En el acceso al recinto de Atenea se encuentra un pórtico con columnas jónicas.

19

¿**Por qué** se amplió el palacio de Versalles?

En el siglo XVII, el rey de Francia Luis XIV decidió trasladarse junto con su inmensa corte de París a Versalles. Así, ordenó ampliar el antiguo palacio de la ciudad, adquirido por Luis XIII, su antecesor, a principios de siglo. Esta obra, que es una muestra del majestuoso estilo de vida de la realeza, ofrecía la ventaja de hallarse a 22 km (13 mi) de París, lejos de cualquier revuelta que pudiera surgir en la ciudad.

El Salón de los Espejos
Fue una de las modificaciones introducidas a partir de 1678 por Jules Hardouin-Mansart, el arquitecto predilecto de Luis XIV. Mide 73 m (239 ft) de largo y su nombre se debe a los 578 espejos que lo adornan. Las paredes se encuentran cubiertas de mármol proveniente de Francia, Bélgica e Italia. Las estatuas doradas sostienen los candelabros y el techo está decorado con frescos del pintor Charles Le Brun.

El arquitecto Le Vau se concentró en destacar el segundo piso. Allí expresó los principios del clasicismo, con columnas y pilastras jónicas. Luego, Mansart agrandó las ventanas y les agregó arcos.

El estilo arquitectónico de la época de Luis XIV pretendía que las artes contribuyeran a la grandeza del Estado, identificado con la figura del rey y de su corte.

Versalles se construyó a partir de un palacio de caza edificado durante el reinado de Luis XIII. El arquitecto Louis Le Vau realizó las primeras ampliaciones y Jules Hardouin-Mansart terminó el complejo.

En los jardines del palacio se ofrecían grandes fiestas a las que eran invitados artistas y literatos protegidos por la corte. Molière, con su compañía de teatro, estrenó allí algunas de sus comedias.

La capilla de Versalles

Comenzó a construirse en 1688 y fue terminada en 1710. Se trata de una construcción relativamente estrecha, pero que se caracteriza por su gran altura interior. Posee dos plantas, y desde la superior se accedía directamente a las habitaciones del rey.

Construcción por etapas

El aspecto actual del palacio es el resultado de varias etapas que llevaron décadas de trabajo. En una primera etapa, a mediados del siglo XVII, se agregaron dos alas al núcleo original del palacio antiguo. A partir de 1668 comenzó el proyecto denominado *Grande Enveloppe,* que consistía en rodear el núcleo original con dos salas de gala, gemelas, destinadas al rey. Asimismo, fueron unidos los pabellones laterales y las casas de oficios. En 1678, Jules Hardouin-Mansart diseñó el Salón de los Espejos y agregó dos alas más, triplicando la longitud de la fachada.

El palacio se concibió como un gran cuerpo en sentido horizontal que se abre hacia los jardines circundantes. Su tamaño monumental albergó a una gran cantidad de cortesanos y nobles.

La cornisa del palacio se decoró con grandes trofeos.

El estilo Luis XIV

Este estilo cortesano basado en el Barroco caracterizó la arquitectura, la decoración y el mobiliario diseñados durante el reinado de Luis XIV.

Los jardines

Fueron trazados con un estilo ordenado y geométrico por André Le Nôtre. Fue necesario hacer numerosos dibujos y croquis hasta lograr la aprobación del rey. Los elementos principales de los jardines eran los arbustos con formas geométricas, los senderos, las fuentes y las estatuas. Para regar los jardines se bombeaba agua desde el río Sena.

La habitación del rey

El aspecto monumental del exterior del edificio se correspondía con su interior. Los elementos de decoración, como telas, tapices y muebles, cumplían la función de exaltar la figura del rey, cuya habitación se encontraba en el centro del castillo. El palacio de Versalles es un ejemplo del refinamiento alcanzado por los artesanos del siglo XVII, que fabricaron meticulosamente los objetos ornamentales.

¿**Por qué** se inclina la torre de Pisa?

La inclinación de la torre de Pisa comenzó durante su construcción, en 1173, debido a las características del terreno sobre el que se emplaza: húmedo y compuesto de arcilla. Cuando la obra llegó a la tercera galería, aumentó la inestabilidad del terreno y se suspendieron los trabajos. En 1233, cuando se reinició la obra, la torre ya se desviaba 20 cm (7 in). En 1360, casi dos siglos después, finalizó la construcción.

La Asunta es la campana más grande. Fue realizada en 1655 y pesa más de 3 toneladas.

En 2005, la Comisión Internacional para la Salvaguarda de la Torre de Pisa informó de que el edificio ha vuelto a los niveles de pendiente de hace 200 años, es decir, que su inclinación se ha reducido unos 40 cm (15 in).

El último piso tiene un diámetro menor. Allí se ubica el campanario.

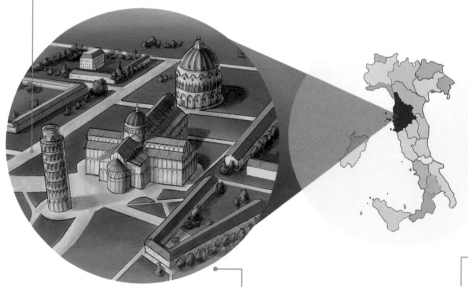

La torre se encuentra situada en la plaza de los Milagros, en la ciudad de Pisa, en la región de la Toscana (Italia). El edificio está junto a la catedral, el baptisterio y el cementerio.

Mide 58 m (190 ft) de altura y posee siete pisos en forma de galerías circulares.

20 m (65 ft)

Remoción del terreno

Entre 1993 y 2001 se realizaron trabajos de reestructuración de la torre, que consistieron en la remoción de una parte de terreno del lado opuesto a la inclinación, para provocar un contrabalance de la estructura.

La torre de Pisa cumple la función de campanario de la catedral. Para acceder a las campanas, deben subirse 293 escalones por una escalera en espiral.

Inclinación de la torre de Pisa desde el inicio, en 1173, hasta la finalización de la obra, cuando se construye el campanario, y su inclinación se vuelve notable.

Para salvar la torre

En 1989 se formó la Comisión Internacional para la Salvaguarda de la Torre de Pisa, en la que participaron ingenieros y otros expertos del mundo con el fin de realizar investigaciones para reducir su inclinación.

1173   1233   1360

Como se construyó en etapas, y desde el comienzo se advirtió la inclinación, las últimas cuatro plantas fueron construidas con un ángulo que la contrarrestara.

La catedral es un majestuoso edificio de planta de cruz latina que comenzó a levantarse a mediados del siglo XI. En su construcción destaca la utilización de mármoles de Carrara y las columnas con capiteles muy trabajados.

¿**Cuál** fue una de las grandes ciudades incas?

En el siglo XI, el pueblo inca fundó la ciudad de Cuzco, que más tarde fue la capital del Imperio. Por su parte, la ciudad de Machu Picchu (siglo XV), situada a unos 100 km (62 mi) de Cuzco, es uno de los exponentes de la arquitectura e ingeniería incaicas. En ella se puede observar el peculiar concepto urbanístico que poseía este pueblo precolombino. En 1983, Machu Picchu fue declarada Patrimonio de la Humanidad por la Unesco.

Desde la plaza principal se puede subir por una escalinata empinada al punto más alto de la ciudad, donde se encuentra la zona de edificaciones religiosas, como el Templo de las Tres Ventanas.

La antigua ciudad inca Machu Picchu fue construida en torno a una gran plaza rectangular que delimitaba tres grandes zonas: una se destinaba a la vivienda, otra al culto religioso y la tercera a la agricultura.

Los puentes colgantes

Los puentes colgantes de soga son un ejemplo más de las construcciones de ingeniería desarrolladas por los incas. Con estos diseños de puentes lograban sortear los obstáculos impuestos por los precipicios entre las montañas de la zona andina. En la actualidad se conservan algunos de estos puentes colgantes, como el Queshuachaca, situado a pocos kilómetros de Cuzco.

La construcción de muros

Los incas idearon un estilo propio para dar forma a las piedras con que construían muros. Un ejemplo es la llamada «Piedra de los Doce Ángulos», que forma parte del muro del palacio de Inca Roca, en Cuzco. Esta piedra, única en el mundo, es una magnífica muestra del ensamblaje de las esquinas y lados de las piedras que conforman un muro entre sí para dotarlo de estabilidad.

Uno de los lugares más importantes de la ciudad es el Intihuatana, que significa «punto de amarre del Sol». Se trata de un reloj solar que marcaba el lugar donde se llevaba a cabo el culto al Sol.

Iglesia de Santo Domingo

Esta iglesia fue edificada en el siglo XVII por los conquistadores españoles sobre el antiguo templo de Koricancha, o templo del Sol, en Cuzco. Este estilo de construcción es uno de los tantos ejemplos de sincretismo entre la cultura precolombina y la española. Se denomina *sincretismo* la mezcla de dos culturas, en el ámbito artístico, religioso o arquitectónico.

En la zona residencial se pueden observar las típicas viviendas, que generalmente tenían forma rectangular y estaban construidas en piedra, con techos de paja a dos aguas.

El trazado perfecto de las calles es uno de los aspectos que expresan el gran desarrollo urbanístico de la sociedad inca.

Los caminos

Los incas fueron grandes constructores. Diseñaron una extensa red de caminos principales y secundarios, por donde transitaban los *chasquis* o mensajeros que transmitían noticias y llevaban encomiendas de un lugar a otro.

La zona destinada a la agricultura estaba trabajada en forma de terrazas que permitían aprovechar al máximo el agua para los regadíos, adaptándose a las características de la geografía andina.

¿**Por qué** se construyó la torre Eiffel?

La torre Eiffel es una estructura metálica construida en París, en el Campo de Marte, con motivo de la Exposición Universal de 1889, en la que se conmemoraba el centenario de la Revolución francesa. Esta torre, también llamada *la dama de metal,* destaca por su belleza tanto a la luz del día como durante la noche. Al anochecer, es iluminada por cientos de proyectores que, durante los primeros minutos de cada hora, producen hermosos centelleos.

Fases de construcción

La torre Eiffel fue construida con hierro forjado y sus piezas fueron unidas por 2 500 000 remaches.
Las obras comenzaron en abril de 1887 y la torre se inauguró el 31 de marzo de 1889. Fue abierta al público el 6 de mayo del mismo año.

Abril de 1887

Julio de 1888

Mayo de 1889

Con la instalación de las antenas de la Radiotelevisión Francesa la torre pasó a tener 321 m (1,053 ft) de altura.

La torre fue construida e inaugurada en medio de grandes controversias, ya que la sociedad parisina la veía como un monstruo de acero. Por eso, se había previsto desarmarla cuando finalizara la Exposición Universal, pero entre tanto la armada francesa realizó pruebas con equipos de radio en la cúpula y se decidió conservarla con ese fin.

Alexandre-Gustave Eiffel

La torre Eiffel fue diseñada por el ingeniero francés Alexandre-Gustave Eiffel, quien fue asistido por los ingenieros Maurice Koechlin y Emile Nouguier y por el arquitecto Stephen Sauvestre. Eiffel también dirigió otras obras importantes, como el puente colgante metálico sobre el río Garona, en Burdeos, la estación ferroviaria de Budapest y el viaducto Garabit, sobre el río Truyère, en la localidad de Saint-Flour, Francia. Cuando se construyó, la torre era el monumento más alto del mundo, y pese a las fuertes críticas que desató, hoy se ha convertido en el símbolo de París y en el lugar más visitado del mundo.

El último piso está coronado por una cúpula que sostiene la linterna del faro.

Al tercer piso se accede por un ascensor que parte del segundo. Este último piso está a 276 m (905 ft) de altura y posee una superficie de 100 m^2 (1,076 ft^2).

El segundo piso está situado a 115 m (377 ft) de altura, tiene una superficie de 1400 m^2 (15,000 ft^2), y se puede llegar hasta él mediante dos ascensores que parten del primer piso.

El peso de la torre es de unas 7000 toneladas y, para sostenerla, los cimientos se construyeron a una profundidad de 15 m (49 ft); es decir, 5 m (16 ft) por debajo del río.

Tiene forma de pirámide de base cuadrada y consta de tres pisos. El primero, situado a 57 m (187 ft) de altura, posee una superficie de 4950 m^2 (53,281 ft^2) y se accede a él por medio de cuatro ascensores.

En su interior, la torre cuenta con 1665 escalones.

¿**Cómo** son los faros costeros?

Desde tiempos muy antiguos, el ser humano ideó diferentes maneras de comunicarse a distancia. Los faros son construcciones situadas en la costa, que mediante señales de luz orientan a los navegantes durante la noche o los días de niebla.

En el siglo XIX comenzó a utilizarse una lámpara eléctrica como sistema de iluminación de los faros. Para que no deje de funcionar, esta lámpara puede conectarse tanto a la red eléctrica como a un grupo electrógeno de reserva.

La cúpula del faro se encuentra equipada con reflectores y lentes ópticas que permiten proyectar la luz en una dirección precisa e incluso colorearla.

Si en la zona donde se instala el faro no hay red eléctrica, la iluminación también se puede lograr mediante lámparas de combustible, como las de aceite a presión o vapor de petróleo.

La torre de Hércules
En A Coruña, España, se halla el faro romano más antiguo del mundo, que aún hoy se encuentra en funcionamiento. La torre de Hércules fue construida durante la época romana, hacia el siglo II d. C., como faro de navegación.

El foco de luz es de intensidad
constante, pero cada faro tiene
un modo propio de emitir luz, para
diferenciarse de los faros vecinos.

La emisión de la luz puede ser: fija (no cambia
de posición ni de intensidad), fija alternativa
(no varía de intensidad, pero sí de color)
o intermitente (no varía de color ni de intensidad,
pero deja de verse a intervalos regulares).

El faro de La Hèbe

Situado en la desembocadura del río Sena,
en Francia, el faro de La Hèbe fue construido en
el siglo XVIII. Este fue el primer faro equipado con
un sistema lumínico que consistía en una lámpara
que permitía emitir luz en una dirección determinada.
Desde entonces, se utilizaron faros con lámparas
de aceite.

Los faros flotantes

Además de los faros situados en la costa, también
existen faros construidos sobre arrecifes o escollos
marítimos, o bien faros que flotan sobre una
embarcación, en los casos en que no es posible
construirlos sobre un terreno firme.

En la actualidad, la mayoría de los faros funcionan
automáticamente. Pero desde la Antigüedad,
la puesta en funcionamiento era llevada a cabo
por el «guardafaro», una persona que vivía allí.

¿**Quién** diseñó la sede de la **Bauhaus**?

En 1919, durante la República de Weimar, el arquitecto alemán Walter Gropius fundó en Berlín una escuela de arte, arquitectura y diseño llamada *Bauhaus*. En 1925 la escuela fue trasladada a Dessau y su fundador diseñó la nueva sede, que dirigió hasta 1928. Gropius fue además un gran maestro, puesto que sus obras reflejan sus ideas acerca del arte, la arquitectura, el diseño e, incluso, su concepción de la enseñanza.

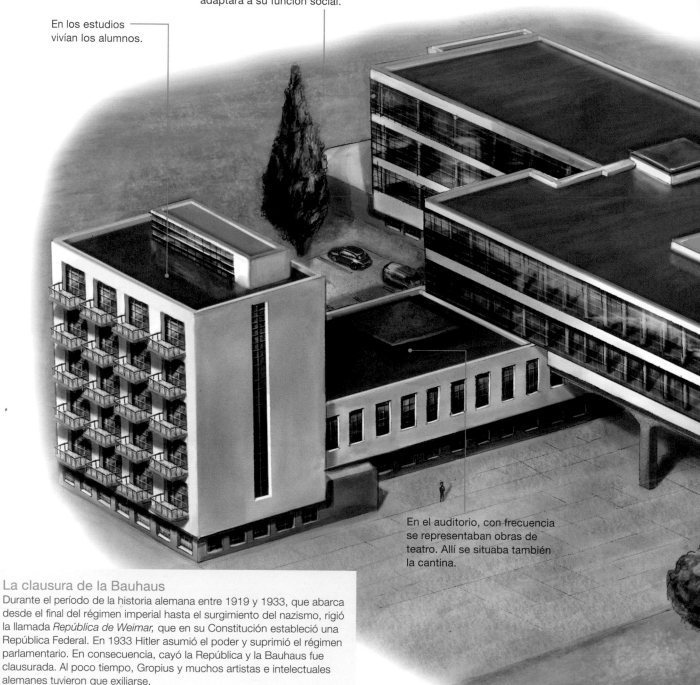

Las ideas de la Bauhaus buscaban que el espacio se adaptara a su función social.

En los estudios vivían los alumnos.

En el auditorio, con frecuencia se representaban obras de teatro. Allí se situaba también la cantina.

La clausura de la Bauhaus

Durante el período de la historia alemana entre 1919 y 1933, que abarca desde el final del régimen imperial hasta el surgimiento del nazismo, rigió la llamada *República de Weimar,* que en su Constitución estableció una República Federal. En 1933 Hitler asumió el poder y suprimió el régimen parlamentario. En consecuencia, cayó la República y la Bauhaus fue clausurada. Al poco tiempo, Gropius y muchos artistas e intelectuales alemanes tuvieron que exiliarse.

El color de la Bauhaus

En 2006 el edificio de la Bauhaus, en Dessau, fue reabierto como centro para el diseño, la investigación y la enseñanza de los principios de la escuela. Durante la etapa de restauración, diversos expertos internacionales se reunieron con el objetivo de restituir al edificio sus características originales. Mediante investigaciones de los planos de la época, los expertos desterraron el mito instaurado durante décadas, según el cual la Bauhaus creaba atmósferas blancas, y restituyeron los colores originales.

Interior de una de las oficinas de la escuela

La simplificación de los detalles y el valor de la dimensión a escala humana fueron algunos de los conceptos que la Bauhaus tuvo en cuenta en sus diseños.

En este cuerpo funcionaba la administración de la escuela.

Teniendo en cuenta que se trataba de una escuela, el edificio fue concebido en vidrio, para que la luz natural penetrara en el interior sin obstáculos.

Arte con ideas nuevas

Para la Bauhaus, el artista era un artesano inspirado que debía enfrentarse a los problemas de la sociedad industrial. Por eso, los alumnos realizaban prácticas experimentales dirigidas tanto por artistas como por artesanos, y asimismo se le otorgaba un gran valor al trabajo en equipo. También se estableció una nueva relación entre profesores y alumnos. Con este fin, los alumnos tenían representantes en las juntas de profesores.

En los talleres se impartían clases de escultura, ebanistería, trabajo sobre metal, cerámica, pintura mural y textil, entre otras artes y oficios.

¿**Qué** es el Taj Mahal?

El Taj Mahal fue construido en el siglo XVII como mausoleo, es decir, como sepulcro monumental, por orden del emperador Shah Jahan, en memoria de su esposa, Mumtaz Mahal. Se encuentra en la ciudad de Agra, al norte de la India, a unos 200 km (124 mi) de Nueva Delhi, capital de ese país. Se considera que el Taj Mahal es la obra más importante del arte musulmán en la India, y su construcción llevó unos 20 años.

Para la construcción se utilizó ladrillo revestido de mármol blanco, con incrustaciones de piedras semipreciosas: zafiro, lapislázuli, cristal y jade.

La cúpula, llamada *amrud,* mide aproximadamente 35 m (114 ft). Alrededor de su base se observa un relieve de flores de loto y su extremo superior termina en una aguja con forma de tridente. Por debajo de la cúpula se sitúa la sala del sepulcro.

En distintos puntos de la fachada se inscribieron versículos del Corán, incrustando cuarzo sobre mármol.

Trabajaron en la obra más de 20 000 obreros y para el transporte de materiales se necesitaron alrededor de 1000 elefantes.

En total, todo el complejo del Taj Mahal mide 17 hectáreas (42 acre).

Los jardines, de diseño simétrico, representan el paraíso terrenal.

El agua de los canales cumple dos funciones: una religiosa, para realizar rituales de ablución, y otra práctica, para otorgar humedad o enfriar el ambiente.

Interior

Para decorar el interior del Taj Mahal se aplicaron técnicas tradicionales de la orfebrería y la joyería y se utilizaron gemas preciosas para las incrustaciones.

Advertencias sobre contaminación

En los últimos años, algunos expertos advirtieron que el mármol del Taj Mahal está siendo contaminado por el dióxido de azufre que emiten las industrias situadas en las cercanías del mausoleo. Por esta razón, recomendaron el traslado de las fábricas hacia zonas más alejadas del Taj Mahal, que en 1983 fue declarado Patrimonio de la Humanidad por la Unesco.

El arte mogol

Las invasiones musulmanas en el norte de la India produjeron, entre otras cosas, un cambio en su arte y en su arquitectura. Los conquistadores imprimían el estilo de su propia cultura, pero los artesanos que trabajaban en la construcción eran indios, y también imprimían la suya. El Taj Mahal es la obra cumbre del arte mogol.

Los ábsides, o nichos, están enmarcados con motivos florales y frutales.

Los minaretes poseen una función formal: otorgan geometría a todo el conjunto.

La plataforma tiene 7 m (22 ft) de altura.

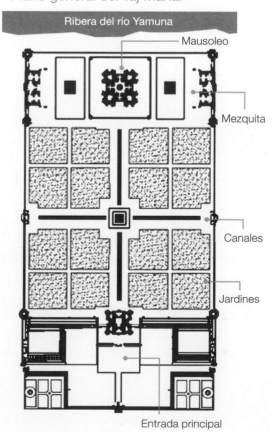

Plano general del Taj Mahal

Ribera del río Yamuna

Mausoleo

Mezquita

Canales

Jardines

Entrada principal

¿**Por qué** son tan resistentes las pagodas?

Las pagodas son hermosas construcciones arquitectónicas destinadas al culto de la religión budista. En Japón, un país permanentemente amenazado por los terremotos, las pagodas de cinco pisos han resistido a lo largo de la historia y soportan aún hoy los movimientos sísmicos. Este fenómeno se puede explicar teniendo en cuenta la estructura de estos templos y los materiales utilizados para construirlos.

¿Qué es una pagoda?

Es un templo religioso budista originario de la India. Generalmente, se construye en ladrillo, piedra o madera y barro. Su estructura arquitectónica es una torre cuadrangular, octogonal o hexagonal de varias plantas, que puede llegar a medir 60 m (196 ft) de altura.

Si se produce un movimiento sísmico, la forma y disposición de los pisos hace que un piso oscile hacia la izquierda y el otro vaya hacia la derecha. De esta manera, se restituye el equilibrio de toda la estructura.

El material utilizado para la construcción de las estructuras de cinco pisos es la madera. Puesto que este material es flexible, ofrece una mayor resistencia a los movimientos de la Tierra.

Las pagodas chinas

La pagoda china más antigua se construyó en el siglo VI. La de Yingxian, una de las pagodas más altas, es quizá también una de las más hermosas por su diálogo visual con el agua y el cielo.

Las pagodas japonesas

La pagoda Toshogu, situada en la ciudad de Nikko, Japón, fue construida a principios de 1800, destruida por un incendio en 1815 y reconstruida completamente tres años después. Posee cinco pisos y su altura es de 36 m (118 ft).

El origen de las pagodas

El diseño arquitectónico de las pagodas de cinco pisos como las de China o Japón tiene su origen en los templos budistas de la India llamados *estupas,* donde se encontraban las reliquias de Buda.

Los pisos se encuentran dispuestos como cubos, de mayor a menor. Así, cada base se apoya por completo sobre la de abajo y, en caso de movimiento sísmico, cada cubo oscila independientemente de los demás.

Como los listones de madera de la estructura se encuentran encastrados, es decir, unidos entre sí sin clavos que los mantengan totalmente fijos, durante un seismo se acomodan a la nueva posición.

El pilar central

En el centro de las pagodas de tres a cinco pisos se encuentra un pilar que otorga firmeza y solidez a la estructura arquitectónica.

Pilar central

Los anillos

Las pagodas suelen terminar en una espiral dorada, llamada *sorin,* con anillos ornamentales.

¿**Quién** habitaba en la Alhambra?

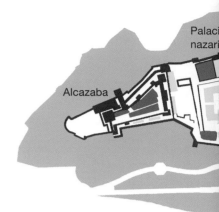

Palaci nazarí

Alcazaba

La Alhambra era la residencia real de la dinastía nazarí, en Granada. El reino nazarí tuvo su apogeo en el siglo XIV y finalizó en el XV, con la toma de Granada por los Reyes Católicos. Esta fortaleza, formada por un gran conjunto de palacios en los que vivían funcionarios y servidores, comenzó a construirse en 1238, y la obra terminó más de un siglo después.

Se encuentra en lo alto del cerro La Sabika, rodeada de arboledas y jardines, sobre el último escalón de un ramal montañoso de Sierra Nevada. Desde allí se puede ver gran parte de la ciudad de Granada.

El nombre *Alhambra* proviene del árabe *al-Hamrā'*, que significa «la roja». Los árabes bautizaron así a esta residencia porque el cerro La Sabika es de tierra rojiza.

El Patio de los Leones
Este patio se sitúa en la parte del palacio donde se encontraban las estancias más íntimas. En el centro se encuentra una gran fuente sostenida por doce leones de piedra. La figura del león representaba el poder real.

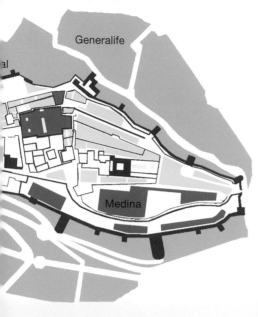

Generalife

Medina

Las distintas zonas

La Alhambra se extiende sobre una superficie de unos 700 m (2,296 ft) de longitud y 200 m (656 ft) de ancho. La Alcazaba era la zona militar del recinto. Los palacios nazaríes se comenzaron a edificar en el siglo XIV, aprovechando lo construido en siglos anteriores. El Partal era una zona residencial de la que solo se conservan cimientos. El Generalife era la zona destinada a la explotación agrícola y al descanso. En la Medina vivían altos funcionarios, empleados y sirvientes de la corte.

El conjunto edilicio se pensó como una sucesión de patios y estancias que no siguen un único eje, debido a que se mantuvieron algunas construcciones anteriores.

La Alcazaba

Aquí residía la guardia de élite, que se encargaba de la seguridad del sultán y su familia, y de las instituciones.

El Generalife

En la actualidad, el Generalife está formado por dos conjuntos de edificaciones, conectados por el Patio de la Acequia.

La Medina

Por la Puerta del Vino se accedía, a través de la calle Real, a la Medina, también llamada la *Ciudad de la Alhambra*. Esta zona contaba con baños públicos, hornos, talleres y silos, además de las residencias.

Está rodeada por una imponente muralla. A lo largo de toda su extensión, se levantan 23 torres y 5 puertas principales.

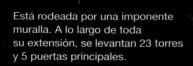

¿**Por qué** ha perdurado el
Panteón de Roma?

En la Roma antigua, el Panteón era un templo dedicado al culto de todos los dioses del cielo. La palabra *panteón* proviene del griego *pân,* que significa «todo», y *theós,* que significa «dios»; es decir, «todos los dioses». En el siglo VII d. C., el Panteón de Roma se habilitó como iglesia cristiana; ésta es una de las razones más importantes por las que el edificio se encuentra actualmente en perfecto estado de conservación.

La cúpula posee una abertura redonda por donde penetra la luz y se puede ver el cielo. Aunque no hay ninguna otra abertura, el interior del Panteón recibe suficiente iluminación desde este punto.

Puentes y acueductos

Las obras públicas constituían un aspecto muy importante para la sociedad de la antigua Roma. Entre estas obras destacó la construcción de calzadas, puertos, faros, puentes y canales. El Pont du Gard, en la ciudad de Nimes (Francia), se caracteriza por la unión de dos funciones: la de puente y la de acueducto.

Mientras que en los templos de la arquitectura griega se daba prioridad a la fachada, el Panteón es la primera obra de arquitectura romana que invita a contemplar el espacio interior.

El Foro de Roma

Esta plaza cumplía distintas funciones sociales en la Roma antigua: era utilizada como plaza pública y mercado, y también como punto de reunión de la asamblea del pueblo y como ámbito de administración de la justicia.

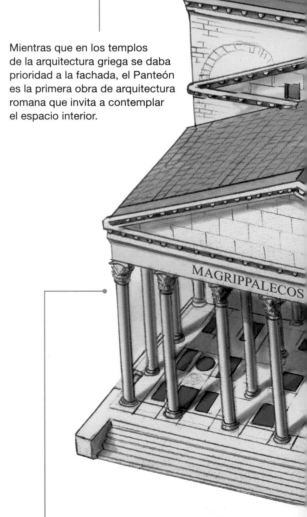

MAGRIPPALECOS

El Panteón de Roma fue mandado construir por Marco Vespasiano Agripa hacia el año 27 a. C., y reedificado, probablemente, por el arquitecto sirio Apolodoro de Damasco durante el mandato del emperador Adriano, entre los años 123 y 128 d. C. Desde el exterior se puede observar que está formado por dos estructuras: un pórtico y un edificio circular.

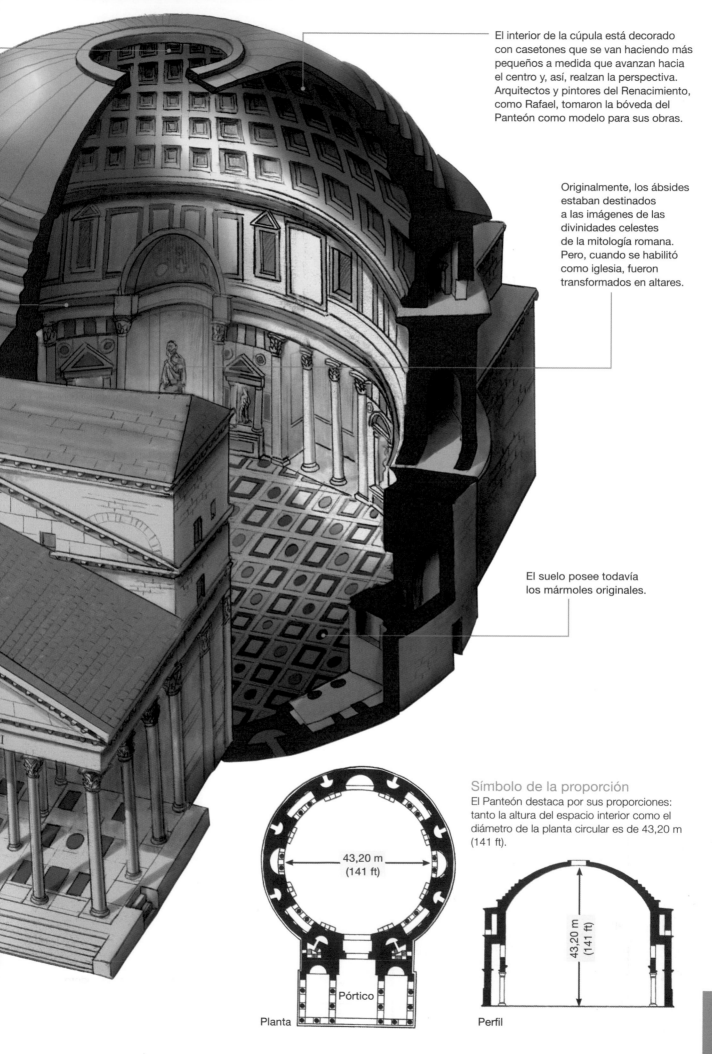

El interior de la cúpula está decorado con casetones que se van haciendo más pequeños a medida que avanzan hacia el centro y, así, realzan la perspectiva. Arquitectos y pintores del Renacimiento, como Rafael, tomaron la bóveda del Panteón como modelo para sus obras.

Originalmente, los ábsides estaban destinados a las imágenes de las divinidades celestes de la mitología romana. Pero, cuando se habilitó como iglesia, fueron transformados en altares.

El suelo posee todavía los mármoles originales.

Símbolo de la proporción

El Panteón destaca por sus proporciones: tanto la altura del espacio interior como el diámetro de la planta circular es de 43,20 m (141 ft).

43,20 m (141 ft)

Pórtico

Planta

43,20 m (141 ft)

Perfil

¿**Qué** clase de puente es el Golden Gate?

La característica principal de los puentes colgantes es que se encuentran sostenidos, mediante numerosos tensores, por dos grandes cables principales. A su vez, los dos cables cuelgan de dos torres levantadas sobre cimientos. Por su estructura, el Golden Gate es uno de los puentes colgantes más importantes. Está situado en California, Estados Unidos, y une el norte de la península de San Francisco con el sur del condado de Marin.

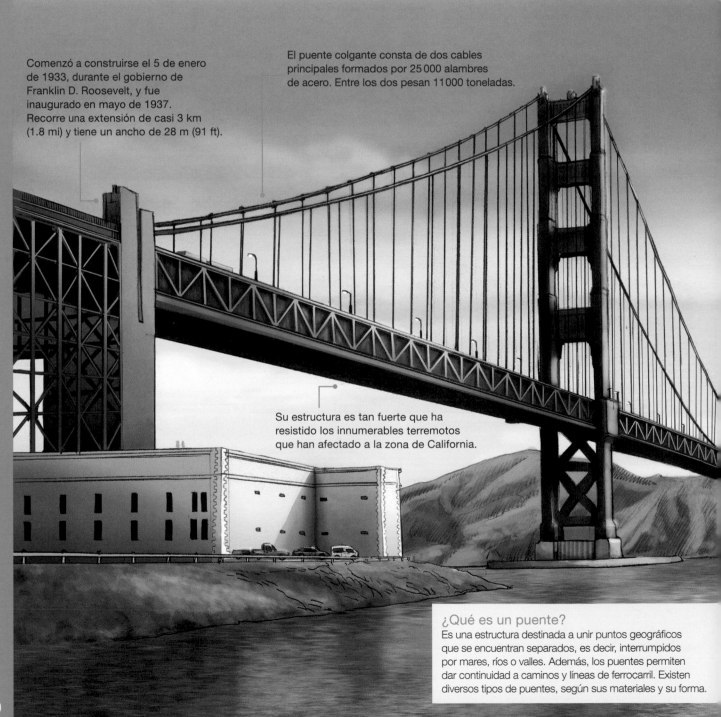

Comenzó a construirse el 5 de enero de 1933, durante el gobierno de Franklin D. Roosevelt, y fue inaugurado en mayo de 1937. Recorre una extensión de casi 3 km (1.8 mi) y tiene un ancho de 28 m (91 ft).

El puente colgante consta de dos cables principales formados por 25 000 alambres de acero. Entre los dos pesan 11 000 toneladas.

Su estructura es tan fuerte que ha resistido los innumerables terremotos que han afectado a la zona de California.

¿Qué es un puente?
Es una estructura destinada a unir puntos geográficos que se encuentran separados, es decir, interrumpidos por mares, ríos o valles. Además, los puentes permiten dar continuidad a caminos y líneas de ferrocarril. Existen diversos tipos de puentes, según sus materiales y su forma.

La calzada del Golden Gate

Posee seis carriles, tres en cada dirección, para el tránsito de automóviles. Además, cuenta con sendas para la circulación segura de peatones y ciclistas.

Al transitar por él se puede observar no solo la ciudad de San Francisco, sino también la isla de Alcatraz, famosa por albergar la prisión del mismo nombre.

¿El más grande del mundo?

El Golden Gate fue el puente colgante más grande del mundo hasta 1964, año en que fue desplazado por el puente Verrazano-Narrows situado en la ciudad de Nueva York, Estados Unidos.

En la actualidad el primer puesto lo tiene el puente de la bahía de Hangzhou, en China, inaugurado el 1 de mayo de 2008.

Los puentes levadizos

Cuando un puente posee un tramo del tablero formado por una o dos estructuras móviles se denomina *levadizo*. Asimismo, existen dos tipos de puentes levadizos: unos poseen estructuras móviles que giran verticalmente, y otros, estructuras que giran de manera horizontal.

Los puentes voladizos

Este tipo de puente, también llamado *cantilever,* que en inglés significa «viga voladiza», posee una estructura muy adecuada para puentes que requieren tramos muy largos.

Como todo puente colgante, posee dos grandes torres que constituyen la base sobre la que descansa la estructura.

Entre el nivel del agua y el tablero del puente hay 67 m (219 ft) de altura, un espacio suficiente para que puedan pasar los barcos que circulan entre la bahía de San Francisco y el océano Pacífico.

El puente de Vizcaya

El puente de Portugalete o de Vizcaya, en el País Vasco, es el transbordador más antiguo del mundo. En 2006 fue incluido por la Unesco entre las obras maestras de la ingeniería mundial y declarado Patrimonio de la Humanidad. Este puente colgante, inaugurado el 28 de julio de 1893, fue construido por el ingeniero Alberto Palacio, discípulo de Gustave Eiffel, constructor de la torre Eiffel. La estructura mide 45 m (147 ft) de altura y 160 m (524 ft) de longitud.

¿**Cómo** es el Taipéi 101?

E l edificio Taipéi 101 es uno de los rascacielos más altos del mundo. Posee 509 m (1,669 ft) de altura, 101 pisos por encima del nivel del suelo y 5 pisos subterráneos. Está situado en Taipéi, Taiwán. Aunque su altura, su diseño arquitectónico y su resistencia a posibles seismos y vientos huracanados resultan atractivos, actualmente se investiga si su peso puede ocasionar terremotos.

Fue inaugurado el 31 de diciembre de 2004. Su diseño representa un apilamiento de cubos de arroz como los que se comercializan en esa ciudad. En total, el edificio está formado por 11 cubos.

Cada cubo es un módulo de ocho pisos. El primer piso de cada módulo está destinado a los equipos y maquinarias de mantenimiento.

En su interior, se encuentran las oficinas del Centro Financiero de Taipéi y un centro comercial. Se estima que en el edificio trabajan unas 12 000 personas.

Su nombre proviene de los 101 pisos que tiene en la superficie.

Para que el edificio resista los terremotos, se cavaron cimientos de 80 m (262 ft) de profundidad.

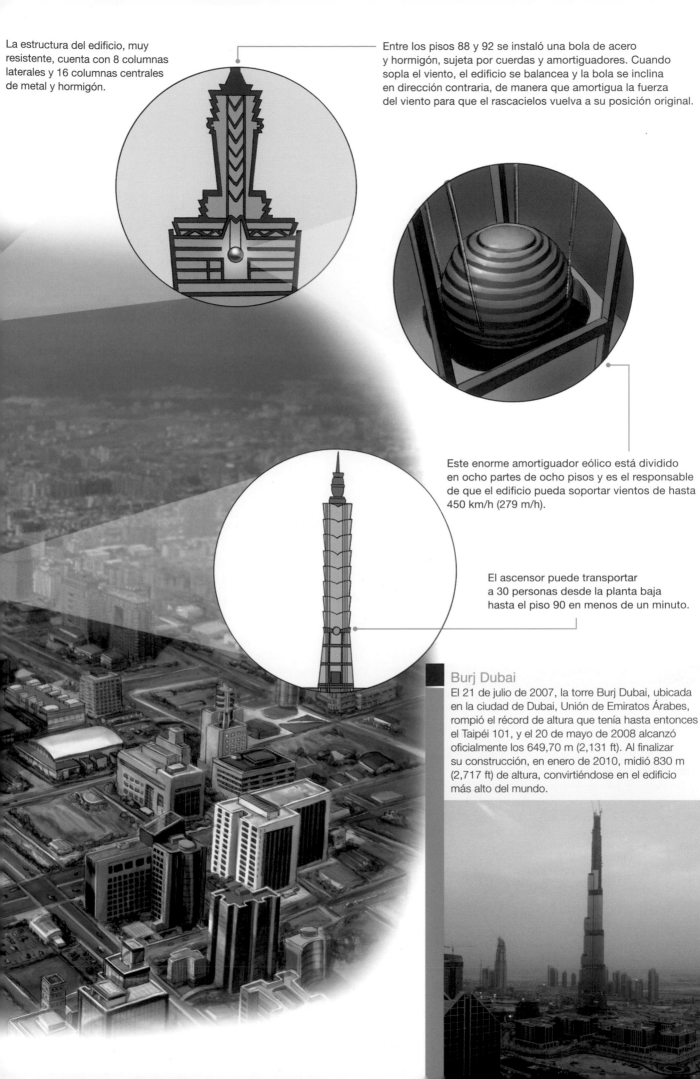

La estructura del edificio, muy resistente, cuenta con 8 columnas laterales y 16 columnas centrales de metal y hormigón.

Entre los pisos 88 y 92 se instaló una bola de acero y hormigón, sujeta por cuerdas y amortiguadores. Cuando sopla el viento, el edificio se balancea y la bola se inclina en dirección contraria, de manera que amortigua la fuerza del viento para que el rascacielos vuelva a su posición original.

Este enorme amortiguador eólico está dividido en ocho partes de ocho pisos y es el responsable de que el edificio pueda soportar vientos de hasta 450 km/h (279 m/h).

El ascensor puede transportar a 30 personas desde la planta baja hasta el piso 90 en menos de un minuto.

Burj Dubai

El 21 de julio de 2007, la torre Burj Dubai, ubicada en la ciudad de Dubai, Unión de Emiratos Árabes, rompió el récord de altura que tenía hasta entonces el Taipéi 101, y el 20 de mayo de 2008 alcanzó oficialmente los 649,70 m (2,131 ft). Al finalizar su construcción, en enero de 2010, midió 830 m (2,717 ft) de altura, convirtiéndose en el edificio más alto del mundo.

¿**Quién** fue el médico de la arquitectura?

Friedensreich Hundertwasser nació en Viena, Austria, en 1928 y murió en 2000. Fue un artista que diseñó edificios. Los títulos de algunos de sus manifiestos, como *Tu derecho a la ventana, tu deber al árbol,* de 1972, o *El color en la arquitectura,* de 1981, dan pistas acerca de sus ideas: puesto que en sus construcciones arquitectónicas deseaba restablecer la relación armónica entre el ser humano y la naturaleza, Hundertwasser se definió a sí mismo como «el médico de la arquitectura».

Otras obras de Hundertwasser

La guardería
Esta guardería para niños, en las afueras de la ciudad de Fráncfort, Alemania, fue construida entre 1987 y 1995. Su diseño se basa en dos rampas que se cruzan y terminan en dos torres doradas.

La iglesia de Santa Bárbara
Esta iglesia, construida en 1948 en la ciudad de Bärnbach, Austria, fue rediseñada por Hundertwasser entre 1984 y 1988. No solo modificó la fachada, sino que también renovó los espacios interiores. La forma de bulbo con la que remató el campanario también puede observarse en varias de sus construcciones.

En la década de 1980, Hundertwasser se concentró en la arquitectura. La llamada *Casa Hundertwasser,* situada en la ciudad de Viena, un complejo de viviendas sociales iniciado en 1983 y concluido en 1985, fue su primera obra arquitectónica.

En los diseños de Hundertwasser los árboles se integran en la construcción. En este complejo se accede a las terrazas-jardín directamente desde los apartamentos.

En contraposición al funcionalismo, que propugna una arquitectura libre de ornamentos, Hundertwasser rescata el valor decorativo de la misma y se aproxima a las ideas de Antonio Gaudí.

Las ventanas de los edificios están ubicadas de forma irregular. Según Hundertwasser, los habitantes tienen derecho a asomarse a la ventana, y a dar forma a la fachada exterior según sus propios deseos.

El complejo de viviendas sociales posee 50 apartamentos de distintos tamaños. Entre las instalaciones comunes, el edificio cuenta, por ejemplo, con un centro médico, un parque infantil, terrazas, cafetería y tiendas.

En la visión del mundo de Hundertwasser, el arte, la arquitectura y el medio ambiente deben formar una unidad armónica.

Hundertwasser hizo un uso especial del color. En sus construcciones utilizó diversos materiales, como la arcilla, la cal, el carbón de madera, el ladrillo y la tierra, que otorgan una atmósfera natural.

¿**Cuál** es la mayor
presa del mundo?

L a presa Tres Gargantas es considerada la obra civil
más grande de China después de la Gran Muralla.
La construcción comenzó en 1993 y finalizó en 2009. Se espera
que, además de ser una importante fuente de energía, ayude a
controlar las inundaciones del río Yangtzé.

Una presa con historia

Hace muchos años que los chinos proyectaban una presa sobre el río Yangtzé, para terminar con las inundaciones de la zona y facilitar la navegación. Ya en 1918, Sun Yat-sen, el fundador de la República China, pensó en construir una presa similar. Mao Tse Tung, a mediados de 1950, sostenía que debían levantarse «muros de piedra» alrededor del río Yangtzé. Finalmente, después de 13 años de trabajo constante, el 20 de mayo de 2006 concluyeron las obras de construcción del dique de hormigón.

La presa es un gran muro instalado a lo ancho del río Yangtzé que sirve para subir el nivel del agua y dirigirla, para su utilización industrial, hacia canales.

El muro de hormigón alcanza una altura de más de 180 m (590 ft) y se extiende a lo largo de más de 2000 m (6,561 ft), sobre las aguas del río Yangtzé.

Esta obra monumental ha sido el centro de numerosas polémicas, ya que, además de ocasionar problemas ecológicos, dejó bajo el nivel de las aguas 19 ciudades y 326 pueblos. Además, la inundación de las tierras provocó pérdidas de restos fósiles y obras de las dinastías Ming y Quing.

Vertedero de agua

Los generadores de energía tienen capacidad para producir alrededor de 85 000 millones de kWh de electricidad al año.

Se estima que contará con 32 turbinas de 700 megavatios cada una, 14 instaladas en el lado norte, 12 en el lado sur y 6 subterráneas. En total tendrá una potencia de 22,5 gigavatios.

Pros y contras de una gran construcción

La presa hidroeléctrica Tres Gargantas producirá electricidad suficiente para cubrir las demandas de consumo y facilitará el acceso de buques transoceánicos al país. Pero, para llevar adelante esta construcción, tuvieron que desplazarse más de un millón y medio de personas que vivían en pueblos y ciudades aledaños. Por otra parte, al igual que todas las presas, es posible que Tres Gargantas ocasione problemas ambientales, como la pérdida de humedad y la acumulación de desperdicios tóxicos.

Una construcción aún más ambiciosa

En la República Democrática del Congo, en el continente africano, se está proyectando construir la presa Inga III. Cuando concluyan las obras, se habrá convertido en la central hidroeléctrica más grande del mundo, ya que producirá 39 000 megavatios de energía, casi el doble de la capacidad energética de la presa Tres Gargantas.

El embalse posee la capacidad de almacenar más de 30 000 millones de m³ (10 trillones de gal) de agua. Para contener el agua, se elevó más de 120 m (393 ft) por encima del nivel natural del río.

Ubicación de la presa

La presa está situada en la zona de las Tres Gargantas, provincia de Hubei, en el centro de China, a unos 900 km (559 mi) al sudoeste de Beijing.

BEIJING

CHINA

Presa

río Yangtzé

0	300	600	900 km
0	300	600 m	
0	186	372	559 mi
0	984	1,968 ft	

¿**Qué** es la
Sagrada Familia?

La Sagrada Familia es la obra más conocida del arquitecto español Antonio Gaudí, aunque no fue iniciada por él ni pudo concluirla. Gaudí heredó la dirección del proyecto en 1883, cuando tenía 31 años, tras la renuncia del arquitecto Francisco de Paula Villar. Cuando se hizo cargo de la construcción cambió el proyecto inicial por uno más ambicioso, aunque desde el inicio supo que sería imposible verla terminada antes de morir.

En los remates de las torres campanario, la forma del tronco simboliza el báculo pastoral de los obispos, el nudo simboliza el anillo, y el extremo del campanario la mitra.

Antonio Gaudí

Nació en 1852, en Reus, y murió en 1926, en Barcelona. Estudió en la Escuela Superior de Arquitectura de Barcelona, cuando en Cataluña estaba en auge el movimiento llamado Renaixença, que tuvo una gran influencia en el estilo de sus obras y que se caracterizó por un renacimiento de las formas medievales. Sin perder esta tradición, décadas más tarde la obra de Gaudí recibiría la influencia del movimiento *Art Nouveau*, conocido en España como Modernismo.

En 1925 Gaudí concluyó una de las torres. Las restantes fueron terminadas por sus colaboradores después de su muerte. La superficie de las torres está cubierta por mosaicos de colores vivos.

Una de las primeras obras de Gaudí

La casa Vicens, que Gaudí comenzó a construir en 1878, no solo fue una de sus primeras obras, sino que constituyó el punto de partida de lo que en aquel entonces sería la nueva arquitectura catalana. Gaudí dio un nuevo uso a los azulejos de colores brillantes, a los arcos y a los miradores. De esta manera, se alejaba de las formas clásicas de la arquitectura española de principios del siglo xix y proponía un acercamiento a la arquitectura de tradición musulmana.

En las plantas de los campanarios se forma un porche con tres portales que simbolizan las tres virtudes teologales: la esperanza, a la izquierda; la fe, a la derecha, y la caridad, en el centro.

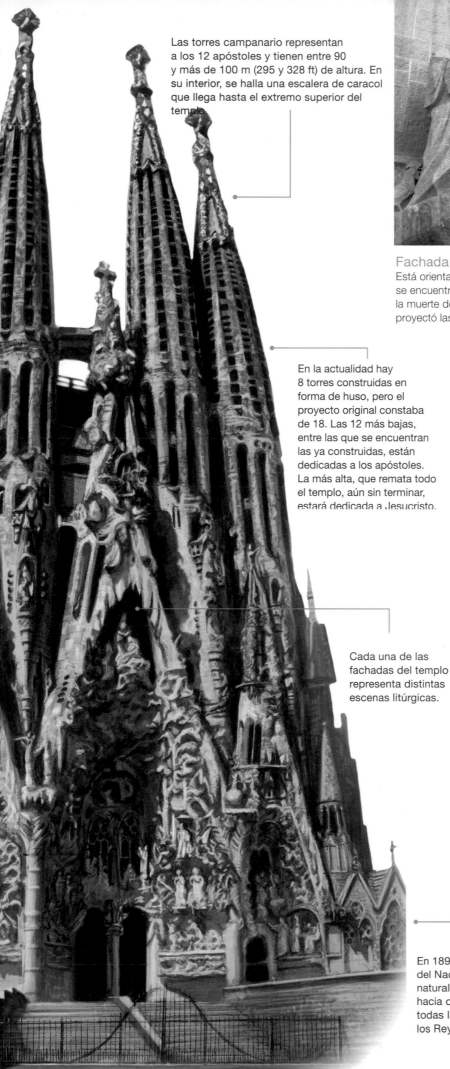

Las torres campanario representan a los 12 apóstoles y tienen entre 90 y más de 100 m (295 y 328 ft) de altura. En su interior, se halla una escalera de caracol que llega hasta el extremo superior del templo.

En la actualidad hay 8 torres construidas en forma de huso, pero el proyecto original constaba de 18. Las 12 más bajas, entre las que se encuentran las ya construidas, están dedicadas a los apóstoles. La más alta, que remata todo el templo, aún sin terminar, estará dedicada a Jesucristo.

Cada una de las fachadas del templo representa distintas escenas litúrgicas.

Fachada de la Pasión

Está orientada a poniente. Sobre el eje central de la fachada se encuentran distintas imágenes que evocan la pasión y la muerte de Jesucristo. Para enfatizar la tragedia, Gaudí proyectó las columnas como si fueran huesos humanos.

Parque y palacio Güell

El parque Güell fue construido por Gaudí entre 1900 y 1914. Posee el estilo de una ciudad jardín y mide más de 5 hectáreas. Los bancos, las escalinatas y otras superficies cerradas del parque están revestidas con mosaicos de cerámica y vidrio. El mobiliario que Gaudí diseñó para el palacio Güell es uno de los ejemplos del uso que hizo de las formas del *Art Nouveau*. Este estilo, que comenzó a mediados del siglo XIX, se basaba en un acercamiento a la naturaleza y a sus formas simbólicas en contraposición a la tendencia industrial que imponía la época. El *Art Nouveau* surgió en Francia, pero fue un fenómeno internacional. Así, según los países, tuvo diferentes nombres. Por ejemplo, en Inglaterra se llamó *Modern Style;* en Alemania, *Jugendstil,* y en España y Latinoamérica, *Modernismo*.

En 1893, Gaudí comenzó a construir la fachada del Nacimiento, a la que le dio un estilo con formas naturales, como plantas, nieve y animales. Mira hacia oriente, por donde nace el sol. Están presentes todas las figuras tradicionales: Jesús, María, José, los Reyes y los ángeles.

¿**Cómo** es el Museo **Guggenheim** Bilbao?

E l Museo Guggenheim Bilbao, en España, fue diseñado por el arquitecto canadiense Frank Gehry y es considerado una verdadera obra de arte que, vista desde el río, evoca la figura de un barco. Emplazado justamente en una ciudad portuaria, este museo se convirtió en un símbolo representativo de la misma. Fue abierto al público en 1997 y está dedicado a exponer obras de arte contemporáneo, en especial de las últimas cuatro décadas del siglo xx.

Se encuentra emplazado en la ría del Nervión, sobre un solar donde antiguamente se alzaban astilleros. Por uno de sus extremos pasa el Puente de La Salve, uno de los principales accesos a la ciudad de Bilbao.

El museo posee tres niveles de galerías, distribuidas alrededor del atrio central e interconectadas por pasarelas, ascensores de cristal y escaleras.

De la superficie total de 32 500 m^2, (349,827 ft^2) 11 000 m^2 (118,403 ft^2) están destinados a 19 galerías y el resto del espacio se distribuye entre un auditorio, una librería, un restaurante y amplias áreas abiertas al público.

El diseño se caracteriza por el entretejido de distintas formas y materiales. Las formas regulares son de piedra; las formas curvas, de titanio, y el conjunto se completa con muros de cristal.

¿Cómo es por dentro?

Al museo se accede mediante una amplia escalinata descendente que conduce al vestíbulo. Así se logró que el edificio, de más de 50 m (164 ft) de altura, no sobrepase a las construcciones que lo rodean.
En la sala principal del museo, de 30 m (98 ft) de ancho por 130 m (426 ft) de largo, se exponen obras de gran formato. La particularidad de esta galería es que no posee columnas y el suelo se encuentra preparado para soportar el peso de grandes obras.

El edificio se estructura mediante un eje central, el atrio, que termina en una cúpula de metal y vidrio por donde entra la luz.

Las extensas superficies de titanio y los muros de vidrio permiten reflejar el brillo del agua y el color del cielo sobre el edificio.

Las obras para construir el museo comenzaron en 1993 y finalizaron en 1997. Fueron el resultado del trabajo conjunto entre el gobierno vasco y la Fundación Solomon R. Guggenheim.

Los materiales de construcción

En la construcción del edificio se conjugan principalmente cuatro materiales: el acero, la piedra caliza, el titanio y el vidrio, que remiten a la tradición industrial de la ciudad. Los muros de vidrio han sido tratados con técnicas especiales con el fin de que la luz natural no dañe las obras. Gran parte de la estructura del edificio se encuentra cubierta por paneles de titanio de medio milímetro de espesor (0.01 in).

Un toque de distinción

La construcción del Museo Guggenheim formó parte de un proyecto de revitalización económica y cultural de la ciudad de Bilbao. Con una programación destinada a promover obras de arte contemporáneo, el museo favorece la incorporación de la ciudad a los principales circuitos internacionales.

¿**Por qué** es un símbolo la Ópera de Sydney?

La Ópera de Sydney se encuentra en el puerto de Sydney, en Australia. Fue diseñada por el arquitecto danés Jørn Utzon y se construyó entre los años 1959 y 1973. Es una de las obras arquitectónicas más significativas del siglo XX, y se considera un símbolo de la ciudad porque su construcción produjo un cambio de imagen de la misma, transformándola en un centro cultural internacional.

La sala de conciertos se encuentra dentro de la bóveda más grande y puede alojar a casi 3000 espectadores.

El teatro destinado a la ópera posee una capacidad para más de 1500 espectadores.

Cada bóveda es una porción de esfera de igual radio.

La forma de las bóvedas provocó serios problemas de acústica que se resolvieron forrando el interior de las salas con paneles de madera.

En el podio se encuentran los camerinos, las salas de ensayo, los almacenes, las oficinas y una biblioteca.

El podio, en contraposición con las superficies curvas y blancas de la cubierta, es una estructura maciza de hormigón, revestida con placas de granito.

Una obra que reformuló la ciudad

El arquitecto danés Jørn Utzon (1918-2008) diseñó un gran número de edificios en Dinamarca, pero su nombre sigue asociado con la Ópera de Sydney, puesto que esta construcción cambió la imagen de la ciudad.

Inauguración de la Ópera

Fue inaugurada oficialmente el 20 de octubre de 1973 por la reina Isabel II y el duque de Edimburgo. La Orquesta Sinfónica de Sydney tocó la *Novena Sinfonía* de Beethoven. Sin embargo, previamente, se realizaron varias representaciones para los trabajadores que construían el edificio y el 31 de octubre de 1972 tuvo lugar la primera interpretación artística con un concierto de prueba.

La cubierta, de color blanco, que recuerda a las velas de una embarcación, fue construida con vigas de acero recubiertas de hormigón prefabricado de unos 60 m (196 ft) de altura.

Superficies de vidrio

Los extremos de las grandes velas blancas se encuentran cerrados con paneles de vidrio.

La plataforma de acceso

El acceso a la Ópera de Sydney es una gran plataforma que conecta con los distintos niveles del edificio.

¿**Qué** destruyó el Partenón?

El Partenón fue un templo griego que se construyó en el siglo v a. C. como parte del proyecto de reconstrucción de la Acrópolis de Atenas, que había sido destruida por los persas. El aspecto actual del Partenón no se debe solo al paso del tiempo. A finales del siglo XVII, fue destruido por una explosión durante la invasión de los venecianos, y en el XIX, con el consentimiento del gobierno turco, las esculturas que quedaban fueron vendidas al Museo Británico.

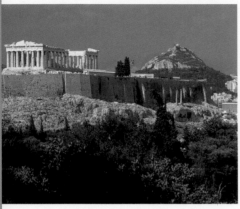

La Acrópolis

En la antigua Grecia, el punto más alto de una ciudad era llamado acrópolis y se caracterizaba por su posición estratégica, puesto que permitía dominar toda el área circundante. El Partenón se construyó en la parte sur de la Acrópolis de Atenas, para que pudiera ser visto desde los puertos de la ciudad. La Acrópolis, destruida por los persas, fue reedificada por Pericles en el siglo v a. C. En ella se encuentran las ruinas de algunos de los monumentos más importantes de la Grecia clásica.

El material utilizado en todo el edificio es el mármol pentélico, llamado así porque se extraía de las canteras del monte Pentélico, a 13 km (8 mi) de Atenas.

Con el fin de corregir las distorsiones ópticas que se producían al ver el edificio en perspectiva, los arquitectos variaron las medidas de las columnas.

El Partenón pertenece al estilo griego clásico, llamado dórico, caracterizado por su sencillez y por la armonía del conjunto arquitectónico.

Fue edificado entre los años 447 y 432 a. C., durante el gobierno de Pericles, por los arquitectos Ictino y Calícrates. Su construcción fue supervisada por el escultor Fidias, quien además realizó las esculturas del templo.

El friso

El friso formaba una banda continua en bajo relieve que representaba la procesión que realizaba todo el pueblo ateniense durante los festejos de las Panateneas, la fiesta anual que se celebraba al comienzo del verano en conmemoración del nacimiento de Atenea. Esta banda tenía 168 m (551 ft) de largo y una altura de 1 m (3 ft), y representaba imágenes de seres humanos, dioses y animales.

Las metopas

Fueron esculpidas en alto relieve. Cada fachada representaba distintos temas mitológicos. La oriental simbolizaba la batalla de los dioses contra los gigantes; la occidental, la lucha entre los griegos y las amazonas (mujeres guerreras), que aludía a la victoria de los griegos sobre los persas; el lado norte, la guerra de Troya, y por último, el lado sur, la lucha de los centauros (seres míticos, mitad hombres y mitad caballos) contra los lapitas (pueblo mitológico).

La decoración escultórica del Partenón estaba situada en esta franja que atravesaba todo el edificio por debajo del techo, como así también en los frontones, las metopas y los frisos.

El frontón principal, situado al este, representaba el nacimiento de la diosa Atenea, mientras los demás dioses del Olimpo contemplaban el acontecimiento. La fachada posterior, al oeste, simbolizaba la lucha entre Atenea y Poseidón por la posesión de Atenas.

La base del templo está formada por tres escalones y mide, aproximadamente, 70 m x 31 m (229 ft x 101 ft).
El Partenón fue construido sobre la base de un templo anterior, llamado el Viejo Templo, destruido por los persas.

Metopas

¿**Cómo** se trasladaron los templos de Abu Simbel?

Abu Simbel está situada en la región egipcia de Nubia, a la orilla izquierda del río Nilo. Hacia 1270 a. C. el faraón Ramsés II ordenó construir allí dos templos que subsistieron hasta 1959. Pero debido a las constantes crecidas del Nilo, el gobierno egipcio pidió ayuda a la Unesco para trasladar los monumentos a una superficie más elevada y construir en la zona original la presa de Asuán.

En la zona trabajaron más de 20 comisiones arqueológicas cortando bloque a bloque los dos templos, que pesaban casi 20 toneladas cada uno.

La Unesco solicitó a expertos de todos los países un plan de salvamento con el fin de trasladar los monumentos, y una investigación del terreno para realizar excavaciones arqueológicas.

La fachada del templo mayor

Los templos construidos a partir de la excavación en la roca se denominan *speos*.

En el siglo XIII a. C., el faraón Ramsés II ordenó construir el mayor de todos los *speos*, dedicado a los dioses Ra-Harakhti, Amón, Ptah y a él mismo. En la fachada, realizada en alto relieve sobre una pendiente del terreno, se encuentran cuatro imágenes de Ramsés II sentado en su trono. Cada una mide unos 20 m (65 ft) de altura. Sobre la puerta de acceso se halla la estatua del dios Ra-Harakhti.

La fachada del templo menor

El segundo *speo* de Abu Simbel, llamado generalmente templo menor, se encuentra al norte del templo mayor y fue dedicado a la diosa Hathor. En su fachada, hay seis estatuas de pie: cuatro representan a Ramsés II, y dos, a Nefertari, la mujer del faraón.

Para ubicar los templos en un lugar geográficamente parecido al original se edificó una gran montaña artificial. La nueva ubicación se encuentra a 65 m (213 ft) de altura respecto a la anterior.

De todos los proyectos presentados, la Unesco eligió el que proponía cortar la roca de los monumentos en bloques y luego trasladarlos.

Durante los trabajos de reinstalación se fueron ubicando los bloques uno a uno en una zona cercana pero alejada del río.

El interior del templo mayor

Está formado por un vestíbulo con tres naves, una pequeña sala sostenida por columnas y el recinto destinado a las divinidades, donde se encuentran las estatuas de los dioses y del faraón. Como en todos los templos egipcios, cada una de las salas va disminuyendo de tamaño a medida que se aproxima al santuario.

El interior del templo menor

Aquí también hay cuatro salas. La primera tiene seis columnas que representan a la diosa Hathor; la segunda presenta escenas de Ramsés y su esposa, Nefertari, ofreciendo sacrificios a los dioses; la tercera ofrece escenas similares, y por último, la sala más pequeña exhibe una estatua dedicada a la diosa Hathor.

¿**Qué** es el Kremlin de Moscú?

La palabra *kremlin* proviene del ruso *kreme,* que significa «fortaleza»; es decir, un recinto fortificado que se ubica dentro de una ciudad. Estas ciudadelas se construyeron en Rusia durante la Edad Media y solían situarse en un terreno alto y entre dos ríos, para favorecer la defensa de la ciudad. El Kremlin de Moscú se construyó entre los siglos XIV y XVII, y actualmente forma parte del casco histórico de la ciudad.

El edificio del Arsenal, construido a principios del siglo XVIII, servía como depósito de armamento.

La Torre del Salvador
Servía como entrada principal al Kremlin. Fue construida en el siglo XV.

El Palacio de Congresos fue erigido a mediados del siglo XX. En sus instalaciones se celebran actualmente congresos, conferencias y conciertos.

El Gran Palacio del Kremlin se construyó a mediados del siglo XIX y, hasta que se produjo la Revolución de 1917, fue la residencia del zar y su familia. Actualmente, en este edificio tienen lugar recepciones oficiales.

La catedral de La Anunciación fue levantada en el siglo XIV como el templo de la casa del príncipe. Dos siglos después, durante el reinado de Iván el Terrible, fue ampliada y se transformó en el templo principal de la familia del zar.

La muralla de la fortaleza es de ladrillos y cubre una extensión de más de 2000 m (6,561 ft); su altura varía entre 5 y 19 m (16 y 62 ft).

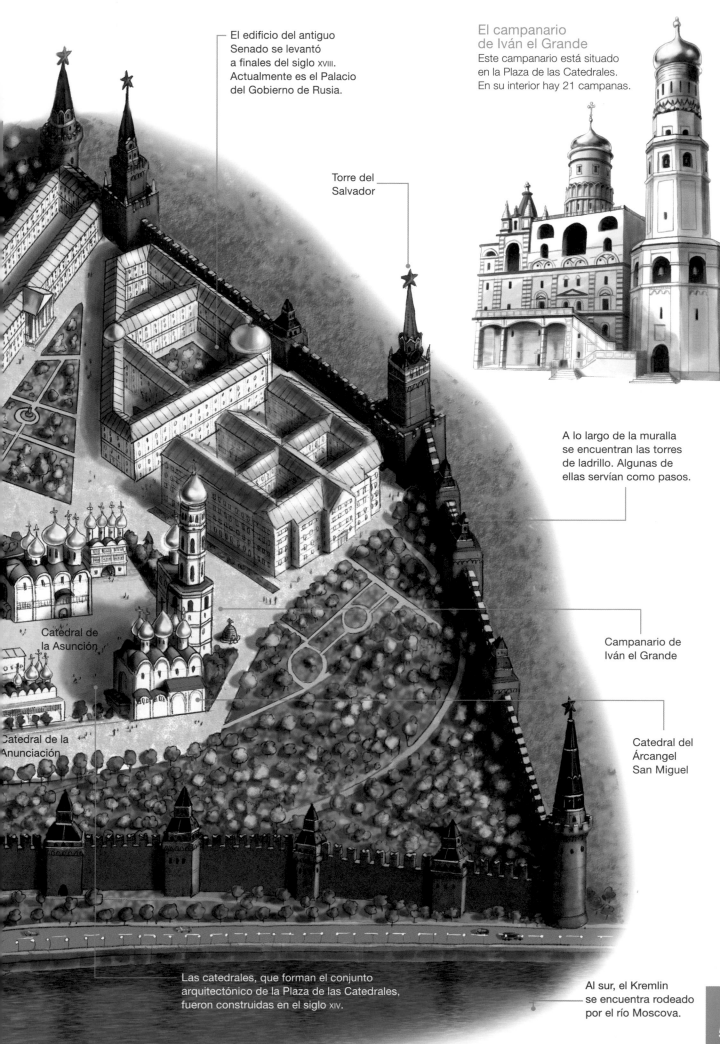

El edificio del antiguo Senado se levantó a finales del siglo XVIII. Actualmente es el Palacio del Gobierno de Rusia.

Torre del Salvador

El campanario de Iván el Grande

Este campanario está situado en la Plaza de las Catedrales. En su interior hay 21 campanas.

A lo largo de la muralla se encuentran las torres de ladrillo. Algunas de ellas servían como pasos.

Catedral de la Asunción

Catedral de la Anunciación

Campanario de Iván el Grande

Catedral del Árcangel San Miguel

Las catedrales, que forman el conjunto arquitectónico de la Plaza de las Catedrales, fueron construidas en el siglo XIV.

Al sur, el Kremlin se encuentra rodeado por el río Moscova.

¿A **qué** cultura perteneció el templo de Kukulkán?

La cultura maya-tolteca, que surgió aproximadamente hacia el año 1000, se desarrolló en Chichén Itzá, en el norte de la península de Yucatán. La ciudad de Chichén Itzá fue el centro de la vida artística y cultural de esa época y, gracias a los trabajos arqueológicos que comenzaron a principios del siglo XX, hoy podemos observar las ruinas de las construcciones que formaron parte de esta interesante ciudad, como el templo de Kukulkán, entre otras.

El Trono del Jaguar Rojo
Esta escultura de piedra representa un jaguar de tamaño real con incrustaciones de jade y dientes de piedra blanca.

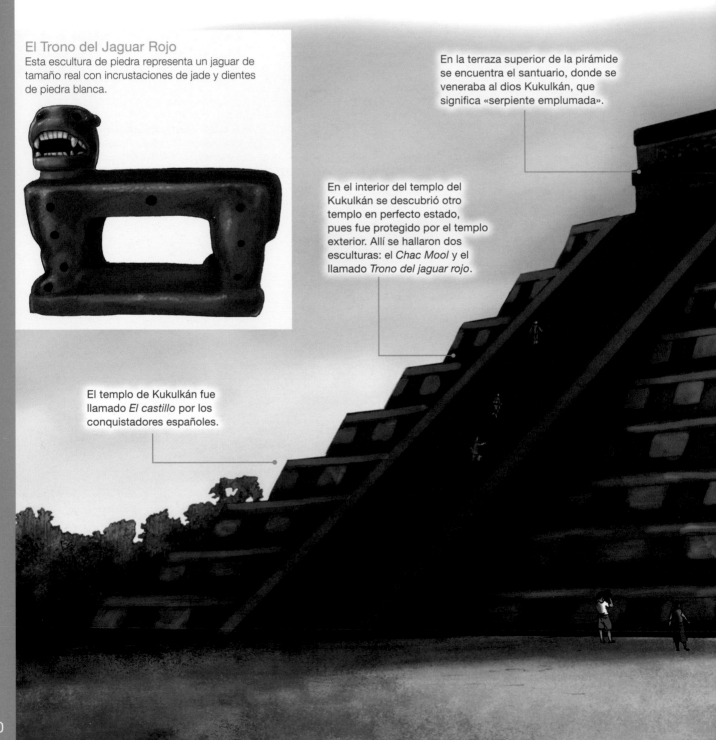

En la terraza superior de la pirámide se encuentra el santuario, donde se veneraba al dios Kukulkán, que significa «serpiente emplumada».

En el interior del templo del Kukulkán se descubrió otro templo en perfecto estado, pues fue protegido por el templo exterior. Allí se hallaron dos esculturas: el *Chac Mool* y el llamado *Trono del jaguar rojo*.

El templo de Kukulkán fue llamado *El castillo* por los conquistadores españoles.

El *Chac Mool*

Esta escultura de la cultura maya-tolteca, hallada en el templo interior del Kukulkán, representa a un hombre recostado que sostiene entre sus manos un utensilio con forma de plato.

El Caracol

Puesto que la cultura maya desarrolló cálculos astronómicos precisos que le permitieron, entre otras cosas, descubrir el año solar, los historiadores y arqueólogos sugieren que este edificio, llamado *El Caracol,* fue un observatorio astronómico.

El Templo de los Guerreros

Este templo, con forma de pirámide ancha y de cinco pisos, es notablemente más bajo que los demás templos de la época. Frente a él se encuentra la llamada *Sala de las columnas,* donde se levantan 60 pilares. Cada pilar posee cuatro caras y en cada una de ellas se encuentra siempre la misma imagen esculpida: un guerrero armado de perfil.

El templo tiene forma de pirámide. Está compuesto por nueve cuerpos escalonados, y en cada uno de sus lados se yergue una gran escalinata, muy escarpada, que conduce al santuario.

La ciudad de Chichén Itzá

Esta ciudad maya-tolteca se sitúa en el norte de la península de Yucatán. La zona explorada arqueológicamente abarca una extensión de 3 km (1.8 mi), de norte a sur, por 2 km (1.2 mi), de este a oeste. Tulum, Uxmal, Palenque, El Tajin, Monte Albán y Teotihuacan son otros asentamientos con restos arqueológicos mayas.

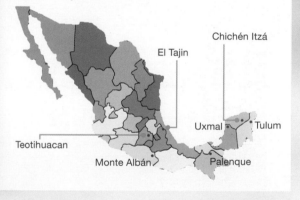

Al nivel del suelo, cada lado de la pirámide mide unos 55 m (180 ft); en tanto que la altura ronda los 30 m (98 ft).

El Abecé Visual de
LA TIERRA

El Abecé Visual de
ANIMALES SALVAJES

El Abecé Visual de
INVENTOS QUE CAMBIARON EL MUNDO 1

El Abecé Visual de
MEDIOS DE TRANSPORTE

El Abecé Visual de
EL UNIVERSO

El Abecé Visual de
EL UNIVERSO

El Abecé Visual de
LOS INVENTOS QUE CAMBIARON EL MUNDO 1

El Abecé Visual de
LA HISTORIA

LE PENSEVR

El Abecé Visual de
PLANTAS Y FLORES

El Abecé Visual de
LOS INSECTOS

El Abecé Visual de
PAÍSES, RELIGIONES Y CULTURAS DEL MUNDO

El Abecé Visual de
MITOS Y LEYENDAS UNIVERSALES

El Abecé Visual de
BOSQUES, SELVAS, MONTAÑAS Y DESIERTOS

El Abecé Visual de DINOSAURIOS Y OTROS ANIMALES PREHISTÓRICOS

El Abecé Visual de VIAJEROS Y EXPLORADORES

El Abecé Visual de LA CIUDAD POR DENTRO Y POR FUERA

El Abecé Visual de GRANDES CONSTRUCCIONES

El Abecé Visual de EL CUERPO HUMANO

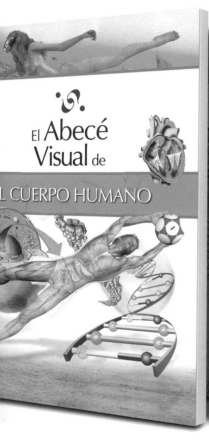

El Abecé Visual de EL CUERPO HUMANO

El Abecé Visual de MITOS Y LEYENDAS UNIVERSALES

«Students establish a base of knowledge across a wide range of subject matter by engaging with works of quality and substance.»

–Common Core State Standards for English Language Arts & Literacy in History/ Social Studies, Science, and Technical Subjects, p. 7

A great addition to a CCSS-oriented collection

Common-Core
Quality & Substance

www.CommonCore.SantillanaUSA.com

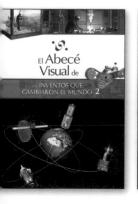

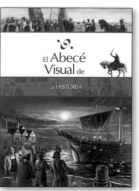

El Abecé Visual de LOS INVENTOS QUE CAMBIARON EL MUNDO 2

El Abecé Visual de LA HISTORIA

El Abecé Visual de LOS ANIMALES DOMÉSTICOS Y DE GRANJA

El Abecé Visual del ARTE

El Abecé Visual de MARES, OCÉANOS, LAGOS Y RÍOS

9/14 ① 2/14
8/18 ① 7/4